RÉFLEXIONS

SUR

L'ÉTAT POLITIQUE

DES

COLONIES FRANÇAISES.

RÉFLEXIONS

SUR

L'ÉTAT POLITIQUE

DES

COLONIES FRANÇAISES,

PAR UN CRÉOLE DE CAYENNE.

PARIS,

DE L'IMPRIMERIE D'HACQUART.

1822.

AVIS PRÉLIMINAIRE.

L'AMOUR de la patrie, ce sentiment rare qui caractérise le véritable citoyen, m'a dirigé dans cet Ouvrage, fruit de deux années de méditations. Effrayé de la position déplorable de mon pays, j'ai dû prendre la plume pour en tracer le fidèle tableau. L'orage gronde sur nos têtes; les colonies sont perdues si un nouvel ordre de choses ne remplace pas le régime vicieux qui y existe. Je n'écris pas sur les colonies sans les connaître, sans avoir observé ce qui se passe autour de nous; j'ai suivi, observé attentivement la marche de l'esprit public dans ce nouvel hémisphère. J'ai observé le progrès rapide des lumières, je me suis aperçu qu'il fallait aux colonies un régime qui se rapprochât de nos nouvelles institutions.

Je livre donc mes réflexions à l'examen du public ; ma conscience est pure, je n'ai dit que la vérité ; je n'ai d'autre intention que celle d'être utile au pays qui m'a vu naître.

RÉFLEXIONS

SUR

L'ÉTAT POLITIQUE

DES

COLONIES FRANÇAISES.

Notre bien-aimé Souverain, en remontant sur le trône de ses pères, a donné à son peuple une Charte constitutionnelle ; la nation avait perdu ses titres ; elle les a retrouvés dans cet immortel ouvrage qui nous place au rang des hommes libres et de la première puissance de l'Europe. Aux termes de l'article 73 de la Charte, les colonies seront régies par des lois et des reglemens particuliers : les différentes bases du système colonial doivent donc être invariablement fixées par une législation particulière. En ouvrant Montesquieu, on voit que les lois ne sont bonnes qu'autant qu'elles sont en rapport parfait avec la nature des lieux, du climat, des hommes et des choses. Ce savant publiciste, en raisonnant ainsi, avait mûrement approfondi les différentes constitutions des peuples ; il les avait rapprochées et comparées entr'elles, il avait fait dériver de ce rapprochement la conséquence naturelle qu'une législation ne pouvait être bonne qu'autant qu'elle serait en harmonie avec le climat, les hommes et les choses : l'immortel législateur de la Charte, a reconnu la justesse de ce principe d'éternelle vérité, en déclarant que les colonies ne seraient point soumises au *droit politique* de la métropole et qu'elles seraient régies pas des lois particulières, adaptées au climat et aux localités. Cette vue profonde de l'auteur de l'Esprit des lois ne pouvait échapper à l'auguste frère de Louis XVI; il en a fait la base et la substance de l'article 73 de notre constitution ; cet article consolide plus que jamais le système colonial, puisqu'il sépare les colonies de la métropole et affermit l'esclavage des noirs. D'un autre côté, son application généralement trop étendue l'expose à des variations qui tendent à faire écrouler ce système, si le Gouvernement ne s'occupe promptement de cette législation particulière, d'où dépend le salut des colonies, leur destruction totale ou leur prospérité future.

Dans l'ordre actuel des choses, les colonies sont régies par des ordonnances proposées et délibérées en conseil de gouvernement et d'administration; les gouverneurs coloniaux exerçant la puissance législative, ont seuls le droit de concourir à la formation de ces ordonnances, après avoir pris l'avis d'un conseil spécial; les procès-verbaux de la délibération de ce conseil sont envoyés au ministère de la marine.

Lorsqu'on veut se donner la peine d'examiner sans partialité la composition de ces conseils spéciaux et leurs attributions, on voit que ce n'est qu'un manteau dont se sert le premier chef pour couvrir ses fautes en administration. Un conseil spécial n'est pas un corps délibérant, il n'a aucun pouvoir et très-souvent n'est composé que de créatures de M. le Gouverneur : quel que soit l'avis des membres, celui du chef prévaut toujours parce qu'il a seul voix délibérative.

Les gouverneurs des colonies exercent non-seulement le pouvoir législatif, mais encore la puissance exécutive; cette cumulation de pouvoirs essentiellement distincts par leur nature, doit entraîner les plus graves inconvéniens ; le pouvoir législatif est indépendant du pouvoir exécutif ; le pouvoir judiciaire ne dépend ni de l'un ni de l'autre ; ces trois pouvoirs forment trois branches distinctes dans une monarchie constitutionnelle. Leur cumulation dans une seule main constitue essentiellement un pouvoir arbitraire, ou plutôt une monstruosité dans l'ordre politique.

Nous avons dit que les colonies ne pouvaient être régies par la Charte ; il faut donc une constitution particulière pour cette partie du royaume ; la nature des lieux, du climat, des hommes et des choses, sont les motifs qui doivent déterminer le Gouvernement à s'occuper de cet important ouvrage, qui fixera irrévocablement le sort futur des colons qui tous gémissent dans l'oppression et sous le joug du despotisme le plus absolu.

Un Code de lois particulières devient indispensable pour asseoir le régime colonial sur une base fixe et immuable : ce Code ne peut être l'ouvrage du pouvoir arbitraire, mais d'un pouvoir légal ; les colonies elles-mêmes doivent concourir à la formation de leurs lois ; elles doivent être préparées et discutées dans leur sein ; les colons connaissent leurs besoins, ils peuvent éclairer la métropole sur leurs véritables intérêts. Eux seuls doivent préparer le Code qu'ils penseront convenir à leur situation et le livrer à l'examen du Roi et des Chambres; il est urgent de créer dans les colonies un mode de gouvernement qui soit en harmonie avec nos nouvelles institutions; il est temps de briser ces faisceaux de l'arbitraire et de nous faire jouir des bienfaits d'un gouvernement représentatif. L'établissement d'une chambre coloniale législative remplirait le but qu'on se propose.

Les lois qui règlent l'état civil et politique des citoyens, ne peuvent émaner du gouvernement d'un seul; elles doivent nécessairement être l'ouvrage d'une assemblée législative. Le gouverneur ne peut être unique législateur; ce serait lui laisser la terrible faculté de prononcer seul sur la fortune publique et sur ce qu'il y a de plus sacré dans l'ordre social, la vie, l'honneur et la liberté des citoyens. Il fait lui seul les lois, lui seul les fait exécuter; tous les pouvoirs sont déposés entre ses mains. Il doit conséquemment en résulter des lois incohérentes, iniques et oppressives. Une loi qui n'est que la volonté d'un seul législateur, dit Mably, est très-souvent une mauvaise loi qui flotte au gré des passions et des caprices de celui duquel elle émane.

La chambre coloniale législative, occupée du grand travail des lois et règlemens particuliers qui doivent régir la colonie, apercevra la distinction des fonctions législatives, exécutives, judiciaires, administratives ; elle examinera comment il convient de les organiser dans la colonie, les formes suivant lesquelles le pouvoir législatif et exécutif doivent y être exercés ; le nombre, la composition, la hiérarchie des tribunaux ; les qualités qui pourront être exigées pour être membre de la chambre, pour exercer les divers emplois, en un mot, tout ce qui peut entrer dans la composition du gouvernement le plus propre à assurer le bonheur et la tranquillité des colons.

Le Monarque, dans l'article 73 de la Charte, en établissant une législation particulière pour les colonies, a sagement prévu que la nature de leurs intérêts, le système de l'esclavage, les notions locales que nécessite la préparation de ces lois et règlemens particuliers ; enfin la distance des lieux et le temps nécessaire pour les parcourir, établissent de grandes différences de situation entr'elles et les départemens de la métropole et nécessitent des différences dans leur constitution, et que conséquemment les colonies ne peuvent être régies par la Charte, sans ravager de fond en comble l'édifice colonial. Mais tout en nous occupant à rechercher ces différences, à préparer ces lois particulières, il ne faut jamais perdre de vue que nous sommes Français, sujets du Roi, et que la protection qui nous est due par Sa Majesté, ainsi que tous les liens d'utilité réciproque qui attachent les colonies à la métropole, n'auraient aucune espèce de solidité, sans l'existence des liens politiques qui leur servent de base.

Il résulte donc, quant au pouvoir législatif, que les lois destinées à régir intérieurement les colonies, peuvent et doivent se préparer dans leur sein. Que ces mêmes lois peuvent être proposées à la Chambre par le gouverneur, discutées, adoptées ou rejetées par elle, avant d'être rendues exécutoires. Que le gouverneur pourra concourir à la formation de ces lois, collectivement avec la Chambre; mais que le droit de les approuver définitivement doit être réservé au Roi.

Il résulte encore, quant au pouvoir exécutif, qu'il est indispensable que le pouvoir exécutif attribué au Roi en France, soit provisoirement exercé par un gouverneur qui, dans les colonies, représente la personne du Monarque; qu'en conséquence, le choix des officiers, la nomination des juges doivent être provisoirement attribués au gouverneur, sauf l'approbation du Roi.

Ces principes étant reconnus, toutes les vues qui peuvent concourir à la prospérité des colonies, peuvent être prises en considération par la chambre législative.

Et quelles sources de prospérité n'offriront pas au patriotisme des bons Français, aux talens des membres de cette auguste assemblée, les diverses parties du travail qui leur sera confié. L'établissement d'un ordre judiciaire simple, l'abolition de ce grand nombre de tribunaux, assurent à tous les colons une justice impartiale et prompte, à l'abri de l'influence tyrannique des gouverneurs. Une administration remise entre des mains fidèles, un mode d'imposition approprié à leur convenance, qui ne pourra être changé que du vœu même de la représentation coloniale. Les frais d'une justice compliquée, les artifices de la chicane, les déplacemens occasionnés par le ressort trop étendu des tribunaux, ne peuvent convenir à des hommes constamment occupés aux travaux de la culture et du commerce de ses productions. Il faut donc aux colonies, plus rigoureusement qu'à la métropole, une justice prompte, dépouillée de tous les moyens de despotisme et d'oppression.

Il convient donc, sous tous les rapports d'utilité publique, de poser des bornes au pouvoir absolu des gouverneurs coloniaux ; l'éloignement des colonies de la métropole, les variations fréquentes qui surviennent dans toutes les parties de leur administration, sont des causes qui doivent tendre à la réforme de ce gouvernement essentiellement vicieux. Notre bien-aimé Monarque Louis XVI, avait bien pensé que ce mode de gouvernement arbitraire ne pouvait subsister plus long-temps dans les colonies ; dès 1787, le Roi avait pourvu à cette réforme. L'ordonnance royale du 17 juin de cette année, porte établissement aux îles de la Martinique et de la Guadeloupe, d'une assemblée coloniale et d'un comité en dépendant, avec suppression des chambres d'agriculture (*aujourd'hui comités consultatifs*). Il est nécessaire de rapporter littéralement les termes de cette ordonnance, pour prouver aux ennemis du système libéral que bien long-temps avant la révolution, l'immortel Louis XVI, portant ses regards paternels vers ses possessions lointaines, avait déjà médité l'établissement d'une assemblée coloniale : institution sage, admirable, qui ne doit pas cesser un moment de mériter l'attention de tous les citoyens animés de l'amour de la patrie et du bien public ; institution qui seule peut mettre obstacle aux projets inconstans des administrateurs coloniaux.

« L'attention que le Roi, dit l'ordonnance » du 17 juin 1787, ne cesse de porter sur ses » possessions éloignées, comme sur celles qui » ont l'avantage d'être plus rapprochées de ses » regards, a fait connaître à Sa Majesté qu'il » serait important de réunir sur le sol même » des colonies, par l'attrait d'une administra- » tion sagement constituée, les propriétaires » cultivateurs, qui n'aspirent que trop sou- » vent à le quitter; elle a pensé que pour les » attacher personnellement à la direction de « leurs établissemens et procurer par là, non- « seulement de la stabilité à leurs fortunes par- « ticulières, mais encore une plus grande ex- « tension aux richesses de la métropole ; il » convenait que le gouvernement des colonies « reposât sur des principes constans et fût « moins exposé à la mobilité des vues des ad-

» ministrateurs qui se succèdent l'un à l'autre : »

On voit donc que sans le secours d'une assemblée ou d'une chambre législative légalement constituée, l'administration des colonies, *pour emprunter les expressions de Sa Majesté royale*, ne saurait reposer sur des principes constans et serait fréquemment exposée à la mobilité des vues de cette foule d'administrateurs qui se succèdent l'un à l'autre avec une rapidité inconcevable.

D'une parielle institution doit nécessairement en résulter des effets merveilleux ; un gouverneur ne serait plus dépositaire suprême du droit de porter atteinte à la fortune publique et aux transactions les plus sacrées des citoyens, en changeant à son gré le système monétaire (1). Alors on ne verra plus ces variations fréquentes dans la valeur des monnaies; plus de ces innovations meurtrières dans la législation coloniale ; plus de ces dilapidations dans l'emploi des deniers publics ; plus d'em-

---

(1) Depuis l'année 1818 jusqu'à ce jour, trois ordonnances ont été rendues sur la monnaie, qui sont celles des 3 avril 1818, 2 février et 29 juillet 1820 ; la dernière relative à la monnaie de billon ou sou marqué de 2 sous (10 centimes.)

prisonnemens illégaux ; plus de commissions militaires pour juger les citoyens (1) ; plus de guerre aux opinions ; la pensée reprenant son libre essor, dégagée de toute crainte, se manifestera plus que jamais dans l'intérêt du bien général ; le capitaliste n'hésitera plus à déposer ses fonds sur un sol prêt à s'écrouler ; aucune main sacrilége n'osera frapper sur le grand principe de l'inamovibilité des juges, principe fondamental de notre constitution, conservateur de l'ordre social, et qui, en rendant à la justice son indépendance, lui assure toute sa dignité ; aucun magistrat ne pourra être destitué que dans les cas prévus par la loi et dans la forme qu'elle prescrit.

Si l'établissement d'une chambre législative est nécessaire pour le salut des colonies, il faut indiquer les moyens qui doivent concourir à sa formation ; les députés seront élus par les différens quartiers de la colonie, convoqués en colléges électoraux ; à cet effet il sera fait un état de dénombrement de toutes les personnes

---

(1) On a vu, en octobre 1819, six citoyens, propriétaires, pères de famille, arrachés de leur domicile, traînés aux cachots et traduits à une commission militaire après une détention illégale de quarante jours.

du canton, absentes ou présentes, ayant les qualités requises, lesquelles seront déterminées par un règlement particulier, pour fixer, d'après leur nombre, celui des députés qui doivent être envoyés à la chambre coloniale. Les présidens des colléges électoraux seront nommés par le Gouvernement, car cette nomination entre dans les attributions du pouvoir exécutif; il sera fait un règlement particulier qui indiquera les qualités requises pour être électeur et qui déterminera en même temps le mode des élections. Il sera fait aussi un règlement particulier qui indiquera pareillement les qualités nécessaires pour être éligible.

Sous l'empire de la constitution de 1791, on ne pouvait être député aux assemblées coloniales, sans être âgé de vingt-cinq ans accomplis, propriétaire d'immeubles, ou, à défaut d'une telle propriété, domicilié dans la colonie depuis deux ans et payant une contribution directe. La plus grande liberté devra exister dans les élections, la nomination des députés sera soumise à l'approbation du Roi.

Cette chambre coloniale exercera les fonctions législatives et administratives, collectivement avec le gouverneur pour le Roi. Les lois locales, les règlemens, les ordonnances, les mesures administratives, les mesures de haute police et de sûreté coloniale, seront proposées à la chambre par M. le Gouverneur, discutées, adoptées ou rejetées par elle avant d'être rendues exécutoires. Dans le cas où une loi serait adoptée par la chambre, M. le Gouverneur en ordonnera l'exécution provisoire sauf l'approbation du Roi.

Dans le cas, au contraire, que la proposition de loi serait rejetée comme contraire à la prospérité publique, M. le Gouverneur en rendra compte immédiatement au Roi qui approuvera ou désapprouvera le rejet. Dans cette dernière hypothèse, une nouvelle proposition sera faite à la chambre qui, cette fois-ci, sera tenue de se soumettre aux intentions du Roi.

La chambre coloniale une fois convoquée et installée, devra s'occuper de régénérer la colonie; son attention doit particulièrement se fixer sur le système monétaire, les contributions, le commerce étranger, les douanes, enfin les parties de l'administration en général qui, toutes, se ressentent du vice de l'ancien ordre de choses. Nous allons donc parcourir toutes les branches de l'administration de cette colonie, afin de faire voir la défectuosité de chacunes d'elles; nous commencerons donc par donner quelques notions sur l'organisation administrative et judiciare de la Guiane française.

La Guiane française peut devenir, avec la protection du gouvernement, une des plus brillantes colonies de l'Amérique; elle a l'avantage de réunir à la fois les productions des deux Indes, son sol avide de culture ne demande que des bras et des moyens d'encouragement. Si cette colonie est encore si méconnue, tandis que les Hollandais ont fait fleurir la contrée voisine, la cause doit en être attribuée au Gouvernement qui lui a toujours refusé les encouragemens nécessaires, ou n'a employé à son égard que des moyens mal combinés qui ont tourné à son désavantage. Le défaut d'encouragement et l'ignorance des administrateurs jetèrent la colonie dans un état de nullité absolu et dans la détresse où elle se trouve aujourd'hui.

Si on veut que la Guiane prospère, qu'elle alimente le commerce de la métropole, il existe un moyen certain; ce moyen a été sollicité auprès du Roi, par le célèbre administrateur, M. Malouet, en 1778.

Ce serait de faire une avance de fonds à la colonie, de *quatre millions de francs*, dont un million par année serait versé aux cultivateurs dans la proportion de leurs travaux et de leur territoire; chaque habitant ferait un emprunt proportionnel à ses projets d'augmentation en culture.

Cette avance de fonds ou prêt serait remboursée par l'habitant par dixième, d'année en année; la garantie des sommes prêtées reposerait sur la propriété de l'emprunteur, qui, à cet effet, resterait spécialement affectée et hypothéquée. Si, à l'expiration des termes accordés par le Gouvernement, l'emprunteur ne s'était pas complètement libéré, il y serait contraint par la voie du séquestre judiciaire.

On doit penser s'il n'était pas déjà démontré que la colonie est épuisée, que cet état de pénurie et de détresse a dû produire le découragement, la désolation et l'apathie; ce moyen, sans être onéreux à l'Etat, ferait accroître les cultures, seule richesse qu'offre le sol de la Guiane; cet emploi de fonds ne serait qu'une avance hypothéquée; elle produirait un effet salutaire, et n'aurait aucun des inconvéniens ruineux qui sont employés aujourd'hui, qui épuisent les finances de l'État, et ne produisent aucun bien.

Afin de s'assurer que le versement des capitaux annuels pour l'amélioration de la colonie soient répartis dans un but utile et avantageux, et que la faveur, l'ignorance et la passion n'altèrent pas l'effet des bonnes intentions du Monarque, il serait convenable et prudent que les agens secondaires, chargés de ce versement, soient personnellement responsables du placement et de la rentrée des sommes prêtées.

Ceux qui, par un zèle mal entendu, désirent la chute des colonies, répondront à cet argument.

Le Gouvernement ne peut faire d'avances; les colonies sont à charge à la métropole.

Ce ne sont point les colonies qui sont à charge à la métropole, mais bien leur administration : la cause de cette opinion, si généralement répandue, semble spécialement s'attribuer à la Guiane française; depuis long-temps on ne cesse de répéter que cette colonie coûte horriblement à la France; cette opinion s'est fait entendre à la tribune de la Chambre des Députés à sa session dernière (1); sa fausseté sera démon-

(1) **On est étonné d'apprendre en France que le nombre des employés dans l'administration excède la moitié de la population blanche de la ville; qu'une pareille organisation administrative ne concorde pas avec la faible population de la Guiane qui est de mille blancs, dix-huit cents personnes de couleur libres et treize mille esclaves.**

trée lorsqu'on aura une donnée exacte sur l'organisation gigantesque de cette colonie.

Il est de principe que l'administration de tout pays doit être en concordance avec sa population, ses forces et ses ressources. Celle de la Guiane excède ses forces, sa population et ses ressources. On est étonné de voir un si grand nombre d'employés dans une colonie peuplée de mille blancs, dix-huit cents gens de couleurs libres et treize mille esclaves; dans une colonie où les exportations ne s'élèvent année, commune, qu'à 1,800,000 francs.

La Guiane fut occupée pendant dix ans par une administration étrangère. L'administration portugaise était composée d'un intendant général, un secrétaire, qui réunissait à ses fonctions le contrôle, la douane, la direction du domaine, la police de la ville, enfin toutes les branches du service administratif.

Quatre commis pour les écritures.

Un trésorier.

Un inspecteur des douanes.

Un garde magasin.

Un maréchal de camp, ayant seulement les attributions militaires. Un secrétaire.

La Guiane fut administrée de cette manière pendant dix ans consécutifs; il n'en résulta qu'un grand soulagement pour elle, une aisance générale dans le commerce et dans toutes les classes de la société.

Le système d'administration portugaise prouve que ce n'est pas le nombre des employés qui constitue un bon mode d'administration, il démontre, au contraire, que la cumulation de plusieurs parties dans une seule main est plus expéditive, ce mode est non-seulement économique, mais encore nécessaire, il est moins divergent, et facilite la comptabilité.

Ce système d'administration a subi dix années d'épreuves, pas une partie n'a souffert de cumulation, toutes les parties du service ont marché de front et toujours à jour.

Je sens bien qu'un Français ne doit pas aller chez les étrangers pour y chercher un modèle d'administration pour son pays; mais l'amour du bien public, qui ne cesse de me diriger dans cet ouvrage, m'encourage à dire que l'organisation administrative, créée à Cayenne par Séricino Maciel, intendant portugais, est un *chef-d'œuvre d'administration locale*, et par conséquent un parfait modèle à imiter.

Il ne faut pas croire que les autres possessions du roi de Portugal étaient administrées d'après le même mode que la Guiane; il existe ici une exception : M. Maciel est arrivé à Cayenne, muni d'un grand pouvoir pour y établir une administration conforme à ses vues; il n'a pas jugé convenable d'établir une légion d'employés, parce qu'il savait que la colonie ne pourrait point le comporter. Ce magistrat portugais a saisi le véritable esprit d'administration qui convenait au pays. Pourquoi? Parce que M. Maciel, homme doué de qualités rares dans la carrière administrative, a mieux connu les localités, mieux étudié les ressources du pays pendant neuf ans qu'il y a résidé, que tous les gouverneurs français depuis qu'ils possèdent cette colonie (MM. Malouet et Victor Hugues exceptés). Qu'on se reporte dans l'ancien régime, on verra qu'en 1784 le mode d'administration établi à Cayenne était essentiellement différent de ce qu'il est aujourd'hui. Le mode de M. Victor Hugues se rapproche de celui de l'ancien régime.

La Guiane, bien différente des Antilles, demande, en raison de sa médiocrité, un mode d'administration simple; elle ne peut sous aucuns rapports être placée dans la catégorie des grandes colonies; la faiblesse de sa population noire, évaluée à treize mille esclaves, la nullité de l'agriculture, l'anéantissement du commerce, l'absence de toute espèce d'industrie, d'où résulte l'extrême misère qui y règne, sont des motifs bien évidens pour rejeter une administration aussi compliquée dans ses parties, et aussi coûteuse que celle actuelle. En réfléchissant sérieusement, on aperçoit un avenir effrayant pour ce malheureux pays, qui, bientôt, ne sera plus qu'un vaste désert.

Une colonie qui, depuis trente ans de guerres et de convulsions politiques, doit naturellement se trouver, pour ainsi dire, dans un état d'agonie; demande, vu sa position déplorable, la suppression de cette organisation gigantesque qui ne sympathise nullement avec les localités.

Tel système d'administration qui conviendrait à la Guiane paraîtrait absurde et impraticable dans une grande colonie. Depuis la révolution on n'a cessé de confondre la Guiane avec la Martinique et la Guadeloupe pour la manière d'administrer qui ne doit pas être la même, soit à cause des difficultés locales, ou de la différence des productions; erreur grossière que tous nos administrateurs ont commise tour-à-tour.

La cause des vices, dont l'administration de

ce pays est entachée, dérive du ministère de la marine, qui n'a eu jusqu'à ce jour que des notions fausses et inexactes sur sa position; on ne peut se figurer une pareille organisation dans une colonie qui n'offre plus de ressources depuis que les moyens mal combinés du Gouvernement ont produit l'extinction totale des cultures, et l'anéantissement du commerce.

Cet ordre de choses ne peut subsister plus long-temps dans une colonie qui rapporte à peine au Gouvernement un revenu annuel de 950,000 francs, sans que les dépenses n'excédent les recettes; d'où il résulte, vu les dépenses énormes que nécessite une administration aussi compliquée, qu'elle sera nécessairement à charge à l'Etat.

On voit donc que ce n'est point la Guiane qui est à charge à la métropole; on ne peut, sans injustice, lui attribuer la cause de cette opinion; on l'attribuera donc à son organisation gigantesque. Il est facile de prouver que cette colonie peut être administrée sans le secours de la mère-patrie; il n'y a qu'une chose à faire : c'est d'échanger le mode d'administration, et le rétablir sur le pied de 1784; alors les revenus de la colonie suffiront pour subvenir aux charges publiques.

Il faut partir d'un principe certain; nous disons donc : Cayenne rapporte à l'Etat 950,000 fr. Qu'on fasse ensorte que la somme des charges annuelles n'excède pas celle de ses revenus. Comme l'entretien des forces militaires est un droit inhérent à la souveraineté; le Roi pourvoira à la solde de ses troupes, et la colonie seule pourra faire face à ses dépenses (1).

Il est reconnu aujourd'hui que les colonies peuvent suffire à leur administration locale. Elles peuvent, par leurs impôts, satisfaire à toutes les charges publiques; plusieurs fois elles ont offert de fournir aux frais de leur administration, pourvu qu'elles eussent la disposition des fonds qu'elles y affecteraient. La Guiane doit donc être chargée de pourvoir à ses dépenses, suivant ses intérêts; la métropole y gagnera. Ainsi disparaîtront ces abus dans l'emploi des fonds que le Gouvernement envoie chaque année dans les colonies; l'embarras, les

---

(1) Le revenu annuel ne peut être établi sur une base fixe, attendu le plus ou moins de fécondité dans les récoltes des habitations royales. Il se compose du produit du droit colonial qui a remplacé la capitation sur les esclaves de culture, des droits de douanes, des impositions sur les maisons et autres droits, etc.

folles dépenses, enfin ce que l'administration a de vicieux disparaîtra insensiblement lorsqu'on aura laissé à une chambre coloniale le soin d'en régler et d'en payer elle-même les frais. Alors on verra les principes sévères d'économie présider à l'administration des deniers publics (1). Depuis la paix, le Roi ne cessant de méditer la prospérité de la Guiane, y a fait passer des sommes considérables pour l'accroissement de cette colonie; tout a été consommé à l'exécution d'une foule de projets gigantesques; depuis quelque temps on ne voit que profusion de dépenses, irréflexion sur les mesures mises en action. Enfin tout concourt à la ruine totale du pays, les funestes effets de l'ordonnance coloniale du 2 février 1820 se feront ressentir de long-temps. Depuis le changement du système monétaire, des maux sans nombre accablent ce

(1) Depuis trois ans on ne voit à la Guiane que des entreprises plus ou moins gigantesques, que des faiseurs de projets! Quelle singulière idée que celle d'avoir établi une sucrerie au canal Torcy pour le compte du Roi! Cet établissement doit coûter des sommes considérables à l'État. La Guiane consomme tous les fonds que la métropole y envoie annuellement, sans qu'il en résulte aucun avantage pour cette colonie qui marche à grands pas vers sa destruction totale.

beau et malheureux pays; un terrible avenir s'avance devant nous; l'homme, dévoué à sa patrie, ne doit pas se dissimuler plus long-temps le danger où il se trouve, et le moment fatal où sa propriété, son existence et celle de ses proches doivent s'ensevelir sous les ruines de la colonie. Un cri universel de désespoir s'est porté vers la mère-patrie; les cris plaintifs du colon ont retenti jusqu'aux pieds du trône; le Monarque ne sera pas sourd à ses plaintes : nous espérons de sa sagesse qu'il cicatrisera nos plaies, et qu'il apportera un prompt remède aux maux dont nous sommes menacés.

Notre situation actuelle est sans exemples dans les annales de la colonie : le Guianais frappé de terreur n'aperçoit devant lui qu'une horrible perspective; le passé qu'il regrette lui arrache des larmes, le présent est pour lui le plus douloureux supplice, et l'avenir un gouffre affreux où sa fortune doit s'engloutir. Le désespoir est peint sur tous les visages; toutes les parties de l'industrie sont paralysées; le découragement s'est étendu dans toutes les branches de la culture; enfin cette malheureuse colonie de Cayenne en proie aux angoisses d'une douloureuse agonie ne présente plus qu'une terre de misère et de désolation. Le mal s'augmente, se perpétue, s'accroît journellement; tout nous annonce qu'il n'y a plus de vœux à former pour cette belle et malheureuse colonie. La fausse mesure administrative du 29 juillet 1820 relative à la monnaie de billon, a fait évanouir cet espoir consolateur qui animait encore l'âme du Guianais (1). La métropole doit donc faire tous ses efforts pour arrêter le progrès des maux qui conduisent la colonie à sa perte très-prochaine. Le mal est l'effet des deux ordonnances sur la monnaie (2).

---

(1) Le Roi avait envoyé, en 1764 et 1783 une somme d'environ 400,000 fr. de monnaie de billon en pièces de 2 sous. Ces pièces ont été mises en circulation à cette époque, à raison de 2 sous ou 10 centimes coloniaux ; elles ont toujours valu 10 centimes coloniaux jusqu'au 2 février 1820, qu'une ordonnance coloniale les fixa à 10 centimes argent de France. Lorsque toutes ces pièces ont été répandues, une nouvelle ordonnance, rendue le 29 juillet 1820, les fixa à 7 centimes et demi, d'où il en est résulté une différence de *deux centimes et demi* par pièce de 2 sous au préjudice du public.

(2) La dernière ordonnance sur la monnaie de billon est du 29 juillet 1820; la veille de sa promulgation, ces pièces étaient admises dans la circulation à raison de *dix centimes ;* tout d'un coup un acte de l'autorité les fixa à *sept centimes et demi;* il en est résulté une perte de deux centimes et demi par pièce de *dix centimes*

qui peuvent servir d'oraison funèbre à la colonie. Ces deux ordonnances doivent être rapportées et les choses rétablies sur l'ancien pied. Nous allons donc parler du système monétaire et des moyens qui doivent être employés pour opérer un nouveau changement sans qu'il puisse en résulter aucun effet préjudiciable à la colonie.

SYSTEME MONÉTAIRE.

La colonie est frappée d'une mortelle plaie; ce morne silence, cette tristesse répandue sur tous les visages; ces expropriations forcées, sont les terribles effets des ordonnances des 2 février et 29 juillet 1820. Celle du 2 février a ruiné

---

au préjudice du public. Cette ordonnance a enlevé aux capitaux le quart de leur valeur; ceux qui, la veille de sa publication, avaient en caisse une somme de 20,000 f. de monnaie de billon en pièces de 10 centimes, ont éprouvé une perte de 25 pour 100, puisque le jour que l'ordonnance a été publiée, ils n'ont plus eu en leur possession que 15,000 fr. Je fais cette comparaison pour prouver, avec plus d'évidence, le tort que cette mesure a fait à la colonie.

la colonie de fond en comble ; toutes les branches de l'industrie agricole et commerciale sont paralysées : deux années d'expérience nous ont malheureusement trop bien démontré que le nouveau système monétaire est onéreux à l'agriculture, puisqu'il a occasionné la baisse des denrées coloniales, et la hausse des objets de consommation et de première nécessité ; de là la ruine totale des cultures. Quelle déplorable position ! Nos annales n'en offrent point d'exemple ; tout le numéraire a disparu, suite inévitable d'une mesure administrative aussi fausse dans ses combinaisons ; les innovations en ce genre sont terribles. L'histoire nous apprend que toucher aux monnaies est une ressource ruineuse, que ces sortes d'opérations en matière de finances, provoquent les révolutions et les grandes catastrophes qui arrivent dans le monde. Si les innovations dans le système des finances ont des suites funestes en Europe, les conséquences doivent en être plus terribles dans les colonies où on ne doit jamais toucher à la monnaie que pour en augmenter la valeur : à l'époque de la reprise de possession de la Guiane par les Français, en novembre 1817, il y existait une grande abondance de numéraire : le tarif de M. Victor Hugues, ancien commissaire du Gouvernement, avait été maintenu par les Portugais; la pièce de 5 francs de France était reçue dans le commerce et dans les caisses publiques pour *sept francs ;* l'ancien écu de 6 fr. tournois était reçu pour 8 : la pièce d'or de 20 fr. , 28 fr.; le tout au taux colonial : quant aux monnaies étrangères, elles étaient reçues et admises d'après le tarif de M. Victor Hugues, qu'on trouvera ci-joint. M. le comte Carra Saint-Cyr est arrivé; il a trouvé ce tarif en pleine vigueur et la colonie dans l'aisance : l'argent circulait avec facilité dans les canaux du commerce; les navires marchands arrivés de France et des autres contrées de l'Europe, avaient introduit dans le pays une grande abondance de numéraire. Les capitaines et subrécargues de ces navires faisaient un bénéfice réel de 2 francs par chaque pièce de 5 fr. qu'ils importaient dans le pays; les pacotilleurs qui s'embarquaient sur ces navires, avides de spéculations commerciales, se munissaient d'une bonne provision d'argent; arrivés à Cayenne, ils échangeaient leurs pièces de 5 fr. , contre des denrées coloniales; il résultait de ce commerce d'échanges, un bénéfice pour le pacotilleur et pour le planteur qui vendait sa denrée à un prix très élevé. Car, à cette époque, pendant les années 1815, 1816 et 1817, le coton s'est vendu jusqu'à 3 fr.

le demi kilogramme. Le girofle 5 fr. le demi kilogramme, et le rocou 1 fr. 50 c. Les négocians de France, à chaque expédition, chargeaient une somme en espèces; presque tous les navires venus depuis la paix jusqu'en 1818 avaient des pièces de 6 fr. et de la monnaie d'or en cargaison. Quel était le but de ces navires? De placer leurs fonds dans la colonie, en les employant à l'acquisition des denrées coloniales pour effectuer leur retour en Europe. Cette denrée partait pour France et ces fonds restaient dans le pays. Le prix de la denrée s'élevait de jour en jour et le cultivateur s'encourageait à l'exploiter; la culture faisait des progrès. Le commerce local ne manquait pas de capitaux et pouvait être secouru dans des temps de crises. Enfin la Guiane française allait parvenir à ce haut point de splendeur où elle est appelée par la nature, lorsque le gouverneur, le 3 avril 1818, supprima ce tarif en vigueur depuis vingt ans; la valeur des espèces fut fixée comme suit.

TARIF DE M. LE C^TE CARRA-SAINT-CYR,

Du 3 avril 1818.

Monnaies de France.	*Francs de France.*		*Argent de Cayenne.*		
1 pièce d'or de 40 fr. vaut	....		53 fr.	33 cent.	1/3
1 d° d° de 20	....		26	66	2/3
1 d° d'arg. de 5	....		6	66	2/3
1 d° d'or de 48	47 fr.	20 c.	62	93	1/3
1 d° d° de 24	23	55	31	40	»
1 écu d'arg. de 6	5	80	7	73	1/3
1 d° d° de 3	2	75	3	66	2/3

Monnaie d'Espagne et de Portugal.

	Francs de France.		*Argent de Cayenne.*
1 pièce d'or de 16 gourdes vaut	34 fr.	c.	112 fr.
1 d° d° de 8	42		56
1 portugaise de 8	42		56
1 piastre forte de 7	5	25	7

TARIF DE M. VICTOR HUGUES.

Noms des Monnaies à la Guiane avant le 3 avril 1818.

Monnaies de France.		*Taux colonial.*
1 pièce d'or de 40 fr. valant	....	56 fr.
1 d° d° de 20	....	28
1 d° d° de 5	....	7
1 d° d° de 48	....	64
1 d° d° de 23	....	32
1 écu d'arg. de 6	....	8
1 d° d° de 3	....	4

Monnaies étrangères.

	Francs de France.		Taux colonial.
1 pièce d'or de 19 gourdes ou	84 fr.	valant........	112 fr.
1 d° d° de 8 gourdes ou	42	....	56
1 portugaise de 8 gourdes	42	....	56
1 piastre forte de 5 fr. 25 c.	7	....	7

On voit donc par la comparaison des deux tarifs, que depuis le retour des Français dans la colonie, la valeur des espèces a éprouvé différens changemens qui tous ont été au préjudice du commerce et de l'agriculture. Que ce changement a détruit toutes les combinaisons commerciales, et qu'en considérant le système suivi dans les colonies de la Martinique et de la Guadeloupe, la Guiane doit succomber sous le poids de son indigence numéraire : les capitaines français avaient introduit à Cayenne une somme considérable en pièces de 5 fr. et en anciens écus de 6 liv. tournois. La valeur intrinsèque de l'écu de 6 liv. était de 5 fr. 80 c. correspondant à 7 fr. 75 cent. et demi, valeur coloniale. D'après le tarif du 3 avril 1818, les capitaines opéraient donc sur chaque pièce de 6 liv. tournois un bénéfice de 27 cent. 1/3 *en sus* du change, puisqu'elle valait 8 livres coloniales, et sur chaque pièce de 5 francs 34 cent. 2/3; de manière qu'en comprenant le change, le bénéfice total était de *deux livres* coloniales. Le commerce de France faisait donc un bénéfice de 30 pour 100 sur les capitaux qu'il importait dans la colonie : le cultivateur pouvait placer avantageusement sa denrée. La colonie était abondamment pourvue de numéraire, le commerce faisait des avances à l'agriculture, et les transactions s'opéraient facilement contre les citoyens.

Ce tarif consacré par une expérience de vingt années qui l'avait fait reconnaître bon et avantageux à la colonie ; ce tarif, fruit des talens d'un administrateur justement célèbre dans l'histoire de la Guiane (*M Victor Hugues*), ne pouvait être aboli sans que la colonie s'en ressentît d'une manière préjudiciable pour son état ; il ne pouvait être aboli, dis-je, sans bouleverser les combinaisons commerciales et provoquer un découragement total dans les cultures.

M. le comte Carra-Saint-Cyr supprima donc ce tarif et établit un nouveau rapport du franc de France avec la livre coloniale : ainsi que cela a été expliqué dans le cours de cet ouvrage, la valeur de la pièce de 5 fr., qui était primitivement de 7 fr. coloniaux, fut réduite à 6 fr. 66 cent. Celle de l'ancien écu de 6 liv.

tournois, qui était de 8 fr. fut ainsi réduite à 6 fr. 66 cent.; celle de l'ancien écu de 6 liv. tournois, qui était de 8 fr., fut aussi réduite à 7 fr. 73 c. un tiers; la valeur des pièces d'or fut réduite proportionnellement à celle des pièces d'argent. D'abord les capitaines ou subrécargues des navires français perdirent tout espoir d'importer leurs capitaux dans le pays. Deux navires de Bordeaux, qui se trouvaient dans le port de Cayenne au moment de la publication de l'ordonnance, retournèrent en France avec leurs pièces de *cinq francs*, ne pouvant les placer avantageusement dans la colonie.

Pour comble de malheur, l'ordonnance du 2 février 1820 vint abolir complètement le taux colonial, elle s'exprime ainsi :

ART. 3.

« La dénomination de livre coloniale, de » francs coloniaux, de monnaie coloniale, qui » n'était en effet qu'une monnaie de compte, est » supprimée, et il ne pourra à l'avenir être em- » ployé dans les écritures et marchés comme » dans les conventions et les paiemens, que le » franc de France avec ses subdivisions, pour » quelque spéculation que ce soit de nature en » monnaie, etc. »

Il était naturel de penser que le Gouvernement de la métropole voulait compter avec son Gouvernement dans les colonies en *francs de France* et non autrement; mais cela ne pouvait ni ne devait porter aucune atteinte aux transactions privées, étrangères au Gouvernement, et qui conséquemment pouvaient continuer sous le rapport de *monnaie de compte*, ou valeur fictive consacrée par l'usage. Que l'administration tienne sa comptabilité en francs de France; rien de plus conforme aux principes; mais cette règle particulière ne peut s'étendre généralement aux transactions des particuliers : on ne l'a pas entendu autrement à la Martinique. Car on voit par la circulaire ministérielle du 28 vendémiaire an 11 (20 octobre 1802), que M. Decrès avait donné l'ordre de régler en francs de France tous les comptes de recettes et dépenses dans les colonies.

L'ordonnance du 2 février 1820 doit être regardée comme une *calamité coloniale*; elle entraîne infailliblement avec elle la disparition du numéraire, la baisse des denrées coloniales, la hausse des objets de première nécessité, l'anéantissement des cultures; de là la ruine totale du pays qui en sera la suite nécessaire. Cette mesure financière, irréfléchie, mal combinée, a porté un coup funeste au pays, elle a paralysé toutes les branches du commerce, diminué la confiance publique, et arrêté toutes les affaires. Par un mouvement spontané, la valeur des denrées coloniales a diminué d'un tiers; celle des marchandises d'Europe s'est accrue de 25 pour cent : la valeur des propriétés immobiliaires a diminué pareillement d'un tiers, c'est-à-dire, d'une valeur égale à celle de la différence du change de la livre coloniale au *franc de France ;* les preuves de la défectuosité de cette mesure sont : la disparition totale du numéraire; une perte de 25 pour cent dans la valeur des immeubles; la baisse des denrées et la hausse des marchandises d'Europe.

Nous allons analyser ces différens effets : nous avons dit que cette mesure avait occasionné la baisse des denrées coloniales. On doit facilement apercevoir qu'aussitôt la suppression du taux colonial, la valeur des denrées a dû diminuer d'un quart, c'est-à-dire, de 25 pour cent, à cause de la différence du taux colonial au franc de France; le commerce a exigé qu'un demi kilogramme de coton, qui lui était précédemment vendu 2 fr., ne fût à l'avenir payé qu'un franc 50 cent., d'où il en est résulté une différence de 50 cent. sur un demi-kilogramme de coton, au préjudice du propriétaire cultivateur. Le prix des denrées a diminué dans la même proportion, c'est-à-dire, d'un quart pour la conversion de la livre coloniale en franc de France : on s'attendait à une diminution pareille dans la valeur des marchandises d'Europe et des objets de première nécessité. L'habitant planteur, duquel on exigeait le coton à raison d'un franc 50 cent. le demi-kilogramme, prétendit que le négociant diminuât un quart sur la valeur de la toile qu'il lui vendait, et qui servait à emballer ce même coton, afin d'établir un juste rapport entre l'ancien ordre de choses et le nouveau système monétaire; sans quoi l'ordonnance ne frapperait que sur l'agriculture seule; c'est ce qui n'a pas été fait. Le Gouvernement colonial, bien loin de réformer ces abus, seconda de tout son pouvoir la ruine des malheureux cultivateurs; le cours des denrées fut fixé dans la feuille officielle sur un pied proportionnel aux bases du nouveau régime; tandis qu'il garda un silence coupable sur le prix des comestibles d'Europe et des États-Unis d'Amérique, que d'infâmes spéculateurs vendirent à un plus haut prix qu'ils pouvaient en tirer. Un objet, qui se vendait 200 francs coloniaux avant la promulgation de l'ordonnance, en coton à

2 francs coloniaux le demi-kilogramme, fut vendu 200 francs argent de France, payable en la même denrée, à raison d'un franc 50 cent. le demi-kilogramme; il est évident que la valeur des marchandises d'Europe s'est accrue de 25 pour cent, et qu'au contraire celle des denrées a diminué dans la même proportion. Ce qui occasionne une différence totale de 50 pour cent au préjudice de l'agriculture.

Il existe à la Guiane une telle absence de numéraire, depuis l'abolition du tarif de M. Victor Hugues, qu'il est impossible de se procurer une somme de 5,000 fr. à titre d'emprunt, même en offrant une garantie assise sur une propriété de 50,000 fr.; il existe en cette colonie, *dis-je*, une telle rareté de numéraire, qu'on a vu et qu'on voit journellement poursuivre l'expropriation forcée d'une habitation de 150,000 fr., pour une modique somme de *dix mille francs* : quelle est la cause de ce dénûment absolu, de ce désordre général (1)?

---

(1) La saisie immobiliaire est la lèpre des colonies; les administrateurs ne doivent jamais tolérer une semblable mesure; on peut contraindre le débiteur à se libérer par une voie plus douce, celle du séquestre judiciaire; elle est aussi plus avantageuse au créancier;

La défectuosité de l'ordonnance du 2 février 1820; la confirmation du principe, qu'on ne

---

il attend plus long-temps, mais il reçoit le montant de son capital; tandis qu'en usant de l'expropriation forcée, il ne reçoit très-souvent que la moitié de sa créance.

Je suis porteur d'un titre de 50,000 fr. Je fais saisir immobiliairement une habitation valant 100,000 fr. qui est vendue pour le tiers de sa valeur, il en résulte donc que, pour une modique somme, je ruinerai un riche propriétaire foncier. L'édit du Roi, de mars 1724, défendant de saisir les noirs partiellement, je ne peux saisir qu'en masse. L'habitation est donc vendue en masse à vil prix, de manière que le propriétaire, après avoir été ruiné, est encore débiteur, *quoique ne possédant plus rien*. Ceux qui ne sont pas venus à Cayenne ne peuvent se figurer l'état de détresse de cette colonie. On a vu des habitations vendues judiciairement pour le quart de leur valeur. Ceux qui s'en rendent acquéreurs, obligés de retourner en Europe, vendent les esclaves tête par tête; de là le démembrement des ateliers et la ruine des établissemens. Il est donc démontré que la voie du séquestre est plus avantageuse aux colonies. Dans l'ancien régime, les expropriations forcées étaient défendues. Nos anciens gouverneurs les avaient prohibées, ou du moins ne permettaient ces sortes de contraintes que dans l'extrême nécessité; c'est-à-dire, lorsqu'il paraissait constant que le débiteur était en déconfiture ou faillite complète. Avant doit jamais toucher aux monnaies dans les colonies, que pour en augmenter la valeur : dans toutes les colonies étrangères, ceux qui possèdent des immeubles, peuvent se procurer une valeur en espèces égale à celle de leurs propriétés. A Cayenne, le propriétaire d'une habitation de 100,000 fr., se verra froidement exproprié pour une dette de 5,000 fr., chose horrible, qui inspire de justes craintes sur le sort futur des colonies ! Tandis qu'autrefois, avant 1789, et même sous le gouvernement portugais, les propriétés coloniales étaient vendues à leur juste valeur et payées comptant ; cet état de misère générale n'existait pas autrefois, et n'existe que depuis que l'ordonnance du 2 février 1820 a provoqué la retraite des espèces d'or et d'argent, a enlevé à la fortune publique, le quart de sa valeur.

Il est démontré que le nouveau système mo-

1789, MM. les Gouverneurs et Intendans des colonies ne permettaient l'expropriation forcée que contre un habitant dont la propriété était en ruine complète, à un point où tout espoir de paiement était perdu pour le créancier. Aujourd'hui ces voies rigoureuses sont exercées contre les habitations dans un état de splendeur et de prospérité.

nétaire est onéreux à l'agriculture; qu'il favorise l'exportation du numéraire, et qu'il s'oppose par conséquent à la prospérité en général; En conséquence, l'ordonnance coloniale du 2 février 1820, doit être rapportée et les choses rétablies sur l'ancien pied; il ne suffit pas d'indiquer la cause du mal, sans chercher à découvrir le remède qui lui est propre; nous allons donc indiquer les moyens qui doivent être employés pour rapporter cette ordonnance et rétablir l'ancien système monétaire, sans que ce nouveau changement ne produise aucune secousse à la colonie. Avant tout, il est nécessaire de donner connaissance du tarif dont la publication a accompagné celle de l'ordonnance du 2 février 1820.

L'article 4 de l'ordonnance du 2 février 1820, s'exprime ainsi : « l'acquittement des obligations antérieures conçues ou entendues en » livres coloniales, devra se faire dans la proportion de trois francs à quatre livres coloniales, quand même l'expression de franc ou « franc colonial se trouverait écrite dans ces » anciens actes, sauf pourtant le cas où la valeur du nouveau franc ou de la livre tournois » aurait été formellement énoncée. »

Je ne vois pas qu'en rapportant cette ordonnance, ce changement puisse être onéreux au commerce et à l'agriculture. Bien au contraire, en rétablissant le taux colonial, vous augmentez la valeur réelle des propriétés immobiliaires et des denrées coloniales; le capitaliste ne peut que gagner à cela; les débiteurs d'anciennes dettes, c'est-à-dire, celles contrôlées depuis le 2 février 1820, n'éprouveront aucune perte; car l'acquittement des obligations antérieures devra se faire en *francs coloniaux*, dans la proportion de quatre livres coloniales à trois francs. Le rouleau de 60 sous marqués de deux sous, valant 4 francs 50 centimes, sera admis dans la circulation pour *six francs*. La valeur de la monnaie de France par le fait du rétablissement du taux colonial, sera fixée conformément aux anciens tarifs, de manière que le débiteur qui a reçu une pièce de 5 fr. pour sa valeur intrinsèque, la donnera à son créancier pour 6 fr. 66 centimes deux tiers, d'après le tarif du 3 avril 1818.

Les colonies ne peuvent être régies dans le même esprit que la métropole; l'oubli de ce principe a occasionné la funeste mesure que nous combattons : l'ancien système monétaire doit être rétabli, et l'ordonnance du 2 février 1820 abrogée pour jamais; on prendra pour base le tarif de M. Victor Hugues, comme la colonie a prospéré pendant qu'il était en vigueur, c'est le seul qui convient, l'expérience l'a prouvé, et nous persistons à le demander.

INSTRUCTION PUBLIQUE.

Avant la révolution, il existait à Cayenne un collége où la jeunesse confiée aux soins des ministres de la religion recevait les premiers élémens de l'éducation. Cet établissement est une fondation pieuse faite par un habitant en 1763, aux enfans de la colonie. Cette institution a été anéantie par l'effet de la révolution; mais le local n'ayant été ni vendu ni aliéné, on devait s'attendre à la voir rendue à l'utilité publique, et ce n'est pas sans surprise qu'on a vu M. le Gouverneur s'en emparer pour en faire un usage autre que celui auquel il était destiné par le propriétaire.

Le Gouvernement qui devrait s'occuper dans les colonies, des moyens de faire accroître les lumières, semble au contraire avoir frappé d'une réprobation éternelle, tout ce qui porte le caractère de l'émulation, de la science, du talent et de l'industrie. Depuis la suppression de ce collége, la jeunesse Guianaise est abandonnée aux seules ressources de la nature. Les obstacles sans nombre qui s'opposent au progrès de la civilisation dans la colonie, semblent avoir condamné la génération présente et future à une ignorance perpétuelle et à la dépravation qui en est la suite nécessaire.

Cette conduite des autorités locales paraît d'autant plus extraordinaire que les autres colonies françaises sont pourvues de très-bonnes maisons d'éducation où la jeunesse puise avec confiance la morale et les principes religieux qui lui sont indispensables.

Avant la révolution l'éducation de la jeunesse était confiée à des missionnaires envoyés à cet effet par le Roi. Les Guianais vivent encore dans l'espoir consolateur que le Souverain magnanime qui gouverne la France enverra en cette colonie des missionnaires sages et éclairés pour l'éducation de nos enfans. La jeunesse, une fois imbue des principes religieux, saura qu'aucune société ne peut exister sans religion et que les funestes maximes de l'hérésie ne tendent qu'à dépraver le cœur humain et à briser les liens les plus puissans de l'ordre social.

Depuis que les bienfaits de la religion ont été

répandus en cette colonie, on s'est aperçu d'un changement sensible dans les mœurs : malgré le croassement de l'impiété, le zèle de nos prêtres ne s'est pas ralenti ; les temples du seigneur ne sont plus déserts ; on voit une foule immense accourir au pieds des autels, chanter les louanges du Tout-Puissant et se jetter avec ardeur dans les bras de notre douce religion.

GENS DE COULEUR LIBRES.

L'arrêté colonial du 1er vendémiaire an 14, s'exprime ainsi :

ART. 6.

« Les mariages ne pourront être contractés
» que de blancs à blancs et de gens de cou-
» leur à gens de couleur. »

ART. 7.

» La reconnaissance d'un enfant naturel ne
» pourra être faite que d'un père et d'une mère
» blancs en faveur d'un enfant blanc, ou d'un
» père ou d'une mère de couleur en faveur d'un
» enfant de couleur. »

ART. 12.

» Toute donation entre-vifs ou simple donation, tous legs universels ou particuliers d'un blanc en faveur d'un individu de couleur sont déclarés nuls et de nul effet. »

Le Code Civil a été promulgué à la Guiane le 1er vendémiaire an 14. Le gouvernement colonial à cette époque crut qu'il convenait de modifier quelques dispositions de ce Code. Pouvait-on, par un simple arrêté, déroger à la loi, à l'ouvrage de la puissance législative? Le chef du gouvernement à Cayenne, ne réunissait pas à ses fonctions le pouvoir législatif; il ne pouvait pas statuer sur l'état civil des citoyens, et déroger par une ordonnance à une disposition formelle de la loi. L'arrêté colonial du 1er vendémiaire an 14, viole le grand principe du droit de propriété, puisqu'il empêche le blanc de tester au profit d'un individu de couleur; afin de mieux faire apercevoir l'injustice de cette œuvre de l'oligarchie coloniale, nous allons les considérer sous les rapports du droit civil et du droit politique; en droit civil, il porte atteinte à la propriété, en empêchant tout homme de disposer de sa chose en faveur d'autrui; il renverse donc le principe fondamental de toute législation qui est le palladium de la propriété et laisse à tous citoyens le loisir d'user de sa chose à son gré. En droit politique, il compromet la sûreté coloniale, étouffe l'émulation et porte obstacle aux développemens de l'industrie. Pour ne point mettre de confusion dans les principes qui doivent gouverner les hommes, nous allons démontrer, quant à ce second rapport, qu'on ne pouvait règler à Cayenne, par le droit civil, une question qui, par sa nature, dépendait du droit politique, qui n'est autre chose que cette sagesse humaine qui a fondé toutes les sociétés. Comme il y a différens ordres de lois, la sublimité de la raison humaine consiste à savoir bien auquel de ces ordres se rapportent les choses sur lesquelles on doit statuer.

Le commissaire du gouvernement à Cayenne n'était pas revêtu du caractère nécessaire pour statuer sur une question à laquelle se rattachait la tranquillité présente des colonies à leur sort futur.

Les bons citoyens alarmés virent dans cette mesure une usurpation du pouvoir législatif, et une violation formelle du Code Civil qu'on venait de rendre obligatoire. A quoi bon nous avoir donné un Code Civil, disaient les gens de couleur, si, dès le lendemain, il est violé par une ordonnance coloniale? Car ce Code qui a été fait pour la France comme pour les colonies consacre les droits de l'homme et des citoyens et repousse toute loi spéciale en contradiction avec ses principes. Le droit de statuer sur l'état civil et politique des hommes libres de couleur, n'appartenait pas aux autorités locales, mais au Gouvernement de la métropole, à la puissance législative qui s'exerce collectivement par le Roi, la Chambre des Pairs et la Chambre des Députés des départemens; la décision de cette question de haute législation, devait être le résultat d'un examen approuvé et de plus savantes discussions.

Elle ne devait ni ne pouvait être soumise aux autorités locales; une ordonnance ne pouvait fixer irrévocablement le sort d'une des trois castes qui peuplent les colonies. Une loi était nécessaire pour statuer sur l'état civil des hommes de couleur libres et une loi qui devait naturellement émaner de la puissance législative dans les formes déterminées par la constitution.

L'intention du Gouvernement colonial, en publiant cet arrêté, était d'exclure cette caste de l'hérédité des blancs et empêcher par là les fortunes particulières de tomber entre les mains des gens de couleur.

Malgré cette prohibition, leur fortune s'est prodigieusement accrue, et s'accroît encore; on a voulu étouffer l'émulation, et l'émulation se développe rapidement.

Il ne peut plus s'élever aucun doute sur l'inconvenance de l'arrêté inconstitutionnel du 1er vendémiaire an 14; il doit donc être rapporté, et les choses établies comme elles étaient avant sa promulgation : une amélioration dans le sort des hommes libres de couleur est commandée par l'opinion et l'expérience; vainement voudrait on les replacer sous le régime de 1789; les principes libéraux, depuis cette époque, ont acquis un tel empire, que penser à faire ce pas rétrograde, ce serait provoquer la destruction subite des colonies. La révolution française, dans sa marche rapide, a renversé toutes les barrières qui mettaient des entraves au développement de l'esprit humain; l'accroissement des lumières a dû nécessairement faire disparaître les anciens préjugés et les ténèbres qui couvraient nos institutions politiques : les connaissances philosophiques, les idées constitutionnelles ne sont pas plus étrangères à la population des colonies qu'à celle d'Europe; les principes qui retentissent dans nos tribunes depuis cinq ans, sont devenus familiers à tous les hommes qui savent penser. A Cayenne comme en France, Rousseau, Voltaire, Montesquieu, Mably et Raynal sont fortement médités : par-tout les sentimens libéraux animent les citoyens; par-tout ils connaissent leurs devoirs et leurs droits; ainsi donc, penser à rétablir le régime intérieur des colonies sur le pied de 1789, c'est vouloir faire rétrograder le progrès des lumières et l'avancement de la civilisation. On ne peut, suivant l'expression d'un de nos plus savans publicistes, « refouler le fleuve du temps; il a » coulé pour eux comme pour nous. »

L'intérêt général des colonies, leur sûreté intérieure et extérieure exigent donc que les hommes libres de toutes les couleurs jouissent des mêmes prérogatives que les blancs; l'arrêté du 1er vendémiaire an 14 doit être rapporté, puisqu'il exclut les hommes de couleur de l'hérédité des blancs, et est par conséquent un obstacle à l'exercice des droits civils de ces deux classes de citoyens.

Cet arrêté déroge aux dispositions du Code civil, qui consacre en principe que la propriété s'acquiert et se transmet par succession, donations entre-vifs ou testamentaires, et par l'effet des obligations; la propriété des biens ne peut se transmettre à un individu de couleur. L'article 12 de ce règlement local prononce la nullité absolue de toutes donations entre-vifs, ou disposition testamentaire d'un blanc au profit d'un sang-mêlé. Un père, au lit de la mort, ne peut donner le prix de ses travaux et de ses sueurs à un fils qu'il a tendrement aimé et chéri! Un colon ne peut témoigner sa reconnaissance à celui qui a été son ami, son confident; à celui qui, jusqu'au tombeau, n'a cessé de lui donner des preuves d'une amitié constante, d'une fidélité à toute épreuve, parce que la nature, en le mettant au monde, a imprimé sur sa peau une nuance différente! On est obligé d'avoir recours à des voies illicites qui répugnent à l'homme de bien, pour disposer de sa fortune en faveur d'un sang mêlé! On a recours à des ventes simulées ou à un *fidei-commissaire* qui, très-souvent, se rend coupable d'abus de confiance, en gardant comme sa propriété la chose d'autrui. Chose horrible, qui outrage la morale! Combien n'a-t-on pas vu spolier de sang-froid le malheureux orphelin! Je me dispenserai de toute réflexion sur l'admission des hommes libres de couleur à la plénitude des droits politiques; je ne me suis occupé jusqu'à ce moment, que des améliorations convenables à faire à leur état civil. Cette grande question offre de dignes et de profonds sujets de méditation au législateur. Je ne me permettrai que de très-légères réflexions, laissant à la sagesse et aux lumières des colons le soin de présenter sur cette matière un développement d'idées plus étendues.

Il n'est pas difficile de prouver que cette ligne de démarcation, uniquement établie par l'orgueil et un préjugé, s'oppose à la prospérité publique, et qu'il étouffe dans le cœur des hommes de couleur ce germe de talent et d'industrie inné chez les Créoles. Circonscrits dans un cercle étroit, ils verront avec peine leur postérité s'élever sous leurs yeux; ne pouvant prétendre à aucunes fonctions dans l'État, ils n'ont et ne peuvent avoir aucun amour pour leur patrie; indifférens sur tout ce qui intéresse la chose publique, ils se plongent dans l'apathie et refusent à leurs enfans tous les secours des sciences et des arts : vivant dans une honteuse et profonde ignorance des premiers principes et des premiers élémens de l'éducation, ils se laissent entraîner par le torrent de leurs passions et se livrent à tous les excès de la débauche et à tous les vices qu'engendrent l'ignorance, la stupidité et la misère. L'ignorance est le plus effroyable fléau qui puisse frapper le corps social !

L'Assemblée Constituante, par son décret du 15 mai 1791, admettait les sang-mêlés de toutes couleurs, nés de pères et mères libres, propriétaires, à l'exercice des droits politiques : cette loi avait occasionné une grande rumeur à Saint-Domingue, à cause des affranchis qui, en plus grand nombre, se trouvaient par là exclus des emplois publics.

Il est dans le principe de nos nouvelles institutions, il est dans l'esprit du dix-neuvième siècle, que la différence des couleurs dans les citoyens, n'en met aucune dans leurs droits de liberté et dans leur état politique ; cette barrière qui sépare les blancs des gens de couleur, n'est fortifiée que par un préjugé qui n'existe que dans les colonies françaises. Le seul moyen à employer pour opérer un rapprochement, est l'établissement de l'harmonité et de l'égalité entre ces deux classes de citoyens trop longtemps distinctes, et leur fusion légale en une seule et même famille.

L'homme libre doit jouir de tous les droits attachés à la dignité de son être. Cette maxime doit recevoir son application en droit naturel, en droit civil, comme en droit politique : mais, dira-t-on, le système colonial est en opposition avec ces principes ?

On entend communément par système colonial, le système de l'esclavage. Les hommes libres de couleur possédant le tiers des propriétés dans les colonies, doivent donc être intéressés au maintien de l'esclavage, d'où dépend la conservation de leur fortune et de leur future tranquillité (1).

Loin de croire, Colons, que vous sapez les fondemens de l'édifice colonial, par cet acte de justice et de sagesse, vous l'affermirez sur des bases solides ; vous lui donnerez, au contraire, une plus forte consistance morale ; vous opposerez une digue insurmontable au torrent dévastateur des esclaves ; vous alléguez en vain que les noirs détestent cordialement les hommes de couleur qui en usent envers eux avec beau-

(1) La fortune des gens de couleur libres en cette colonie, depuis quinze ans, s'est prodigieusement accrue. Leur émulation se développe rapidement. Un grand nombre des enfans de couleur, depuis la paix, sont envoyés en France pour y recevoir une bonne éducation ; ces enfans, en retournant dans leur patrie auprès de leurs parens, auront de la peine à se soumettre à l'influence de l'esprit colonial.

coup plus de dureté et d'orgueil que les blancs eux-mêmes ; l'expérience doit nous avoir appris que les ennemis particuliers savent se réunir dans des occasions majeures, pour faire tête à un ennemi commun.

On peut donc, sans renverser le grand principe colonial, admettre les hommes libres de toutes les couleurs à l'exercice des droits civils et politiques. Un raisonnement étendu deviendrait inutile pour prouver cette assertion; on se contentera de répondre à tout homme d'une opinion différente, de parcourir la riche contrée du Brésil, où il verra par-tout ce peuple *hétérogène* jouir des mêmes prérogatives que les colons blancs : que non-seulement ce préjugé absurde n'existe pas dans les possessions portugaises, mais encore dans toutes les colonies anglaises et espagnoles ; cependant l'état florissant du Brésil, la splendeur de son agriculture, la richesse de ses habitans, prouvent que son régime intérieur est plus stable, mieux combiné que le nôtre, et que les étrangers connaissent mieux que nous le véritable esprit d'administration convenable aux colonies.

Espérons de l'amour de tous les colons pour leur patrie, qu'oubliant les causes de leur désunion et de leurs torts réciproques, ils se livreront sans réserve à la douceur d'une réunion franche et sincère, qui peut seule conserver leur fortune et les faire jouir d'une paix solide et durable.

Tel est le vœu de tous les fidèles sujets du Roi ! Tel est le vœu de la morale et de la justice !

Cet ouvrage n'a d'autre but que la conservation du système colonial.

Je renvoie la continuation de ce travail à la fin de cette année, aussitôt que mes occupations le permettront, je le livrerai à l'impression.

Fait à Cayenne, ce 15 mars 1822.

GEORGES BARTHÉLEMY,

Habitant à Cayenne.

www.ingramcontent.com/pod-product-compliance
Ingram Content Group UK Ltd.
Pitfield, Milton Keynes, MK11 3LW, UK
UKHW012250240726
13966UKWH00004B/1377

9 782012 961104